Stufe 2

LeseLernWissen

Unser Körper

Sally Odgers

Xenos

Inhalt

- Die Zellen 4
- Das Herz 6
- Die Lunge 8
- Die Knochen 10
- Die Muskeln 12
- Haare und Nägel 14
- Die Zähne 16
- Die Verdauung 18
- Das Gehirn 20
- Die Augen 22
- Gefahr! 24
- Bewegung 26
- Beweglichkeit 28
- Quiz 30
- Glossar 31
- Register 32

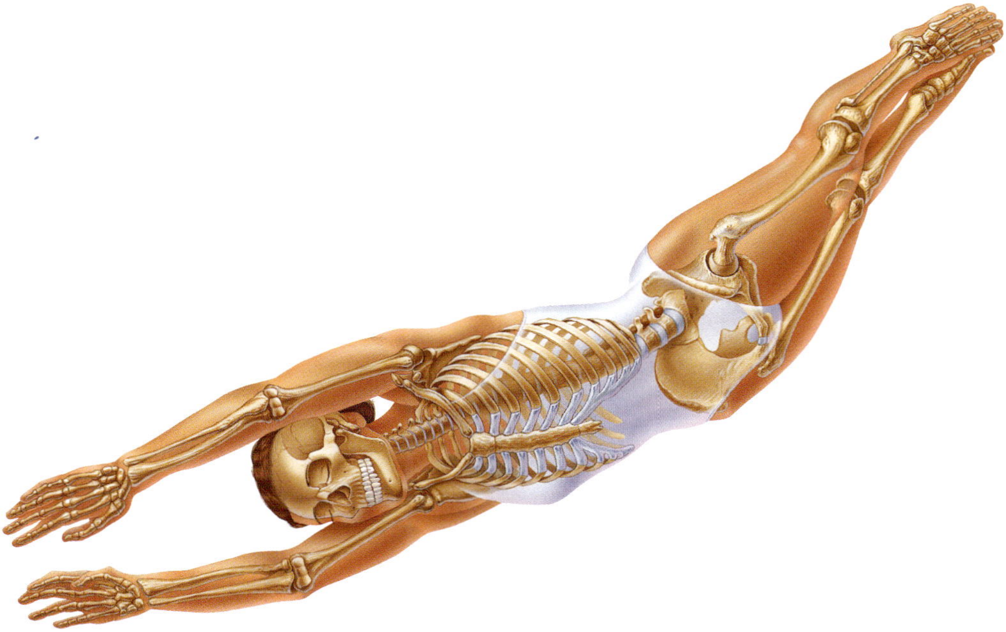

Unser Körper ist erstaunlich.
Jeder Teil hat eine ganz bestimmte
Aufgabe. Hier erfährst du mehr
darüber, wie dein Körper funktioniert.

Die Zellen

Unser Körper besteht aus Millionen von winzigen Zellen. Diese haben unterschiedliche Aufgaben. Die Blutzellen zum Beispiel transportieren Sauerstoff.

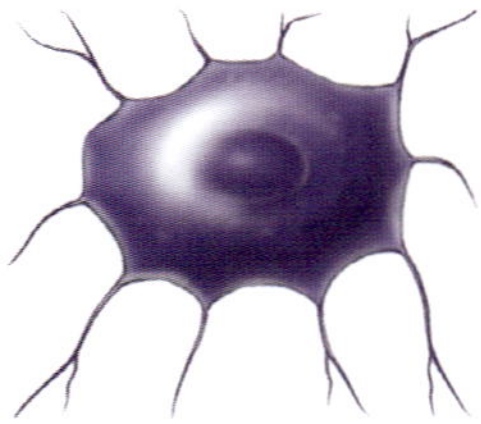
Knochenzelle

Blutzelle
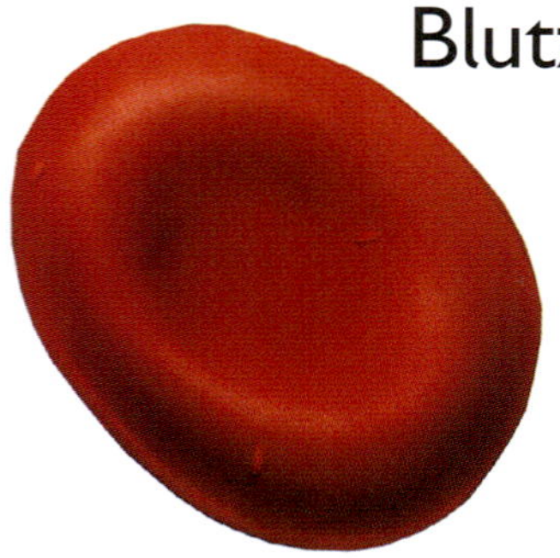

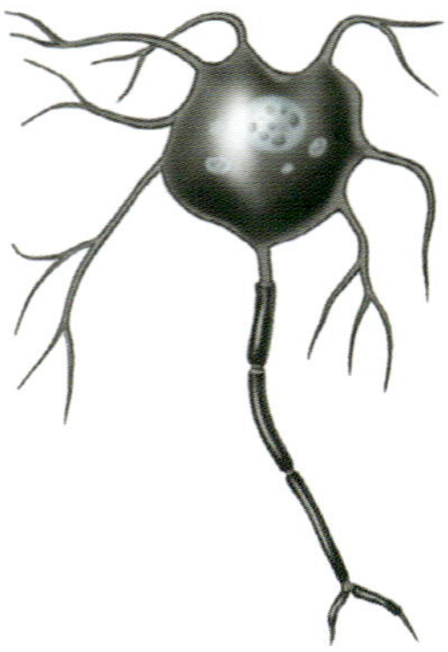
Nervenzelle

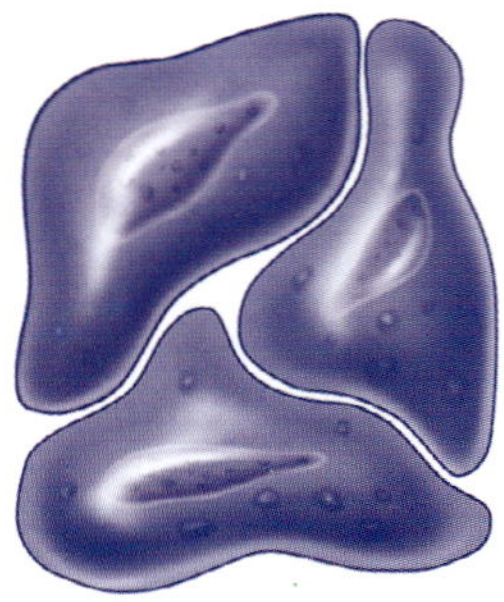
Hautzelle

Auch die einzelnen Zellteile haben verschiedene Aufgaben. Jede Zelle wird vom Zellkern kontrolliert.

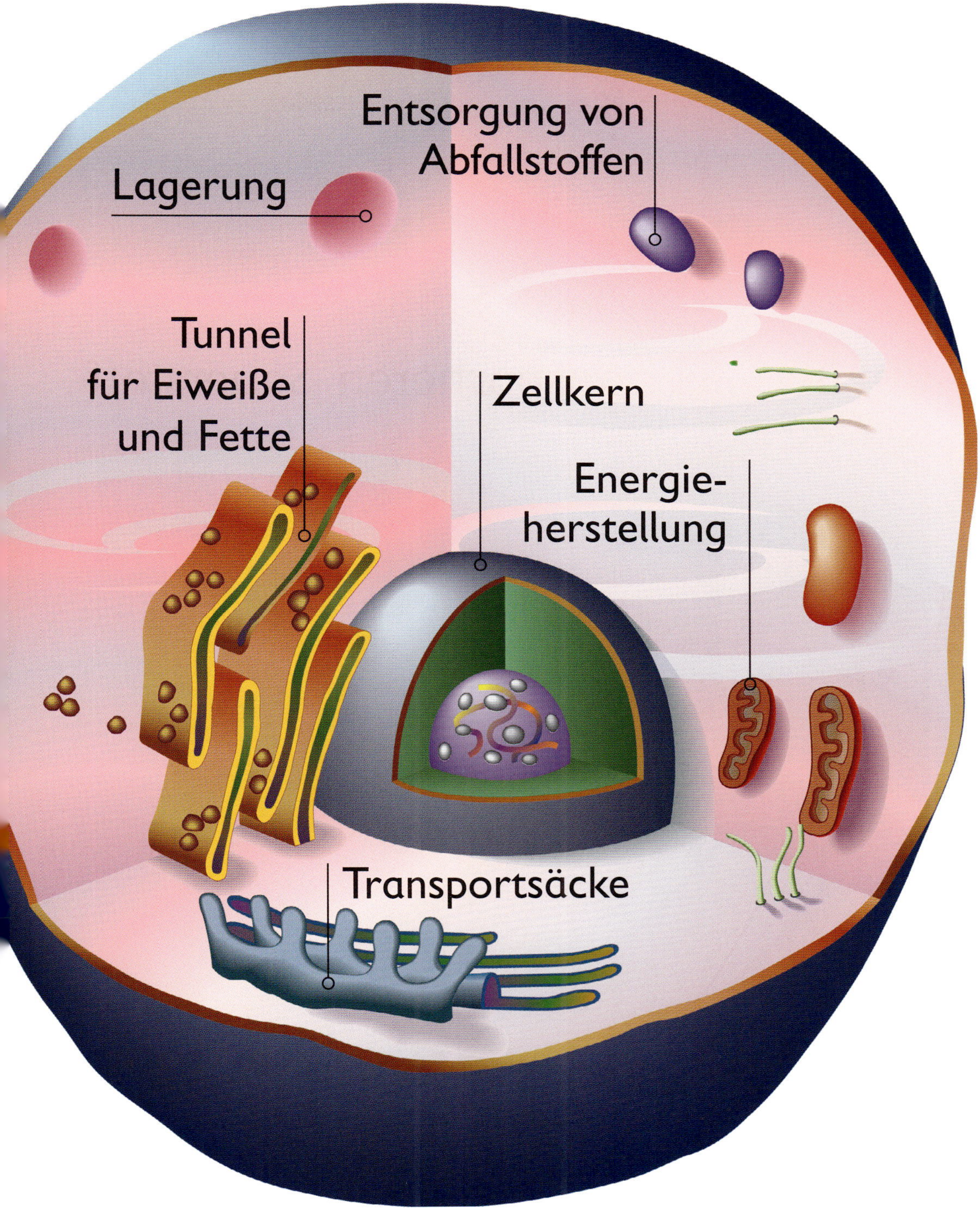
Entsorgung von
Abfallstoffen
Lagerung
Tunnel
für Eiweiße
und Fette
Zellkern
Energie-
herstellung
Transportsäcke

Das Herz

Das Herz ist die Pumpe, die unseren Körper antreibt. Dieser kräftige Muskel pumpt Blut durch unsere Arterien und Venen.

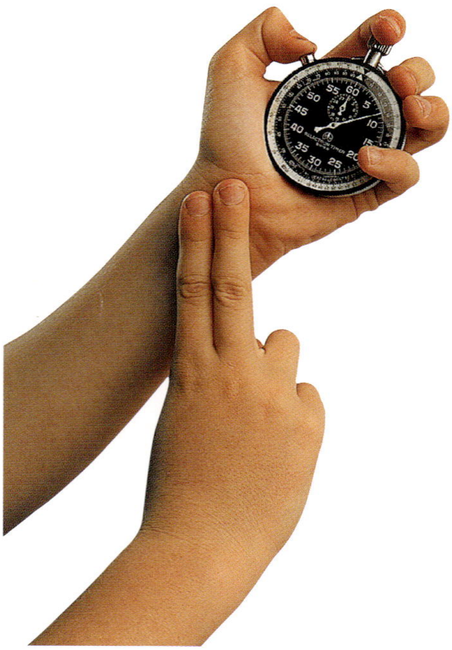

An den Pulsadern können wir unseren Herzschlag fühlen. Zähl mithilfe einer Stoppuhr, wie schnell dein Herz schlägt.

Der Herzmuskel zieht sich zusammen, um das Blut in den ganzen Körper zu pumpen.

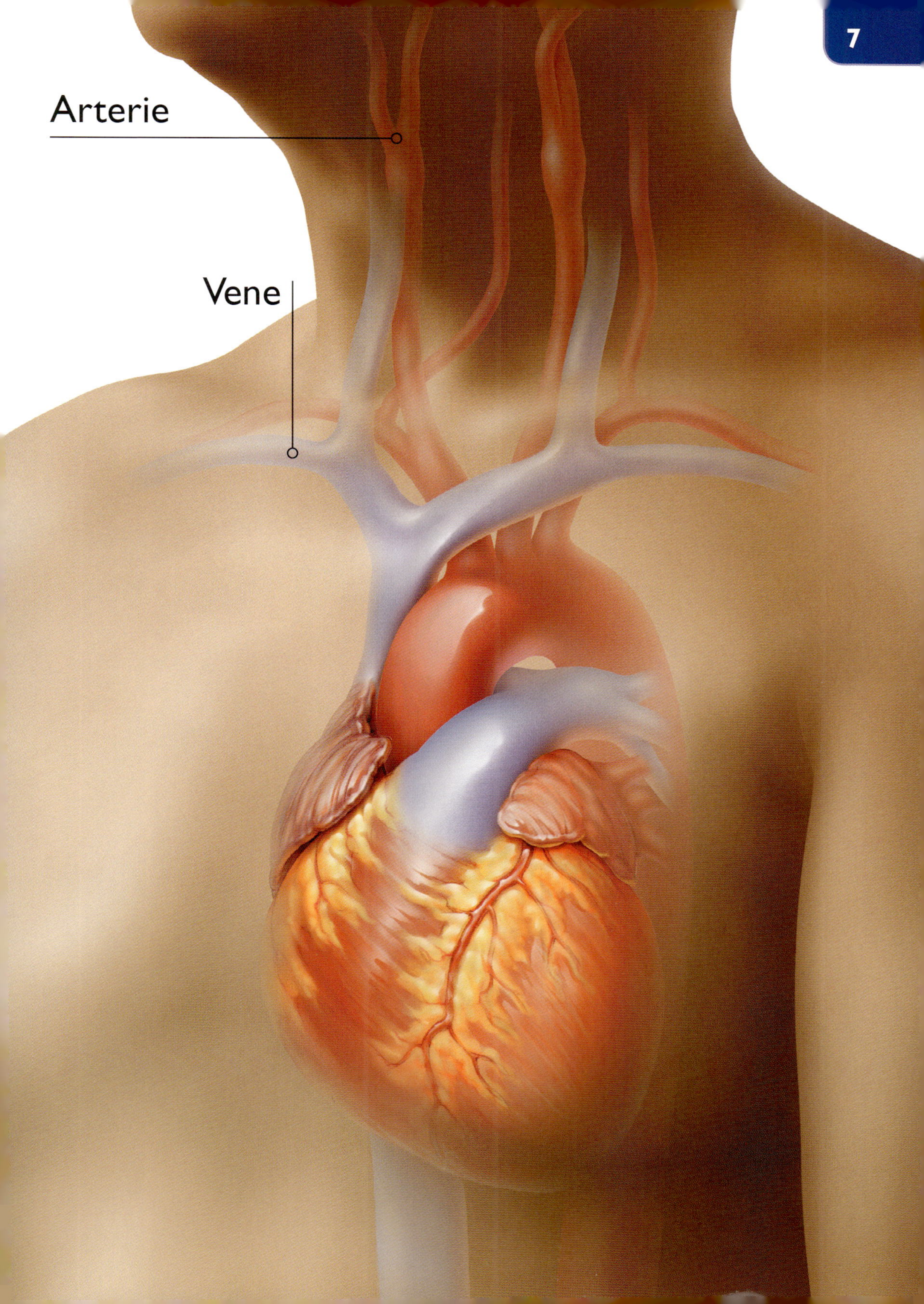
Arterie
Vene

Die Lunge

Unser Körper braucht zum Leben Sauerstoff. Die Lunge nimmt den Sauerstoff über die Nase und die Luftröhre auf. Von der Lunge geht er ins Blut über.

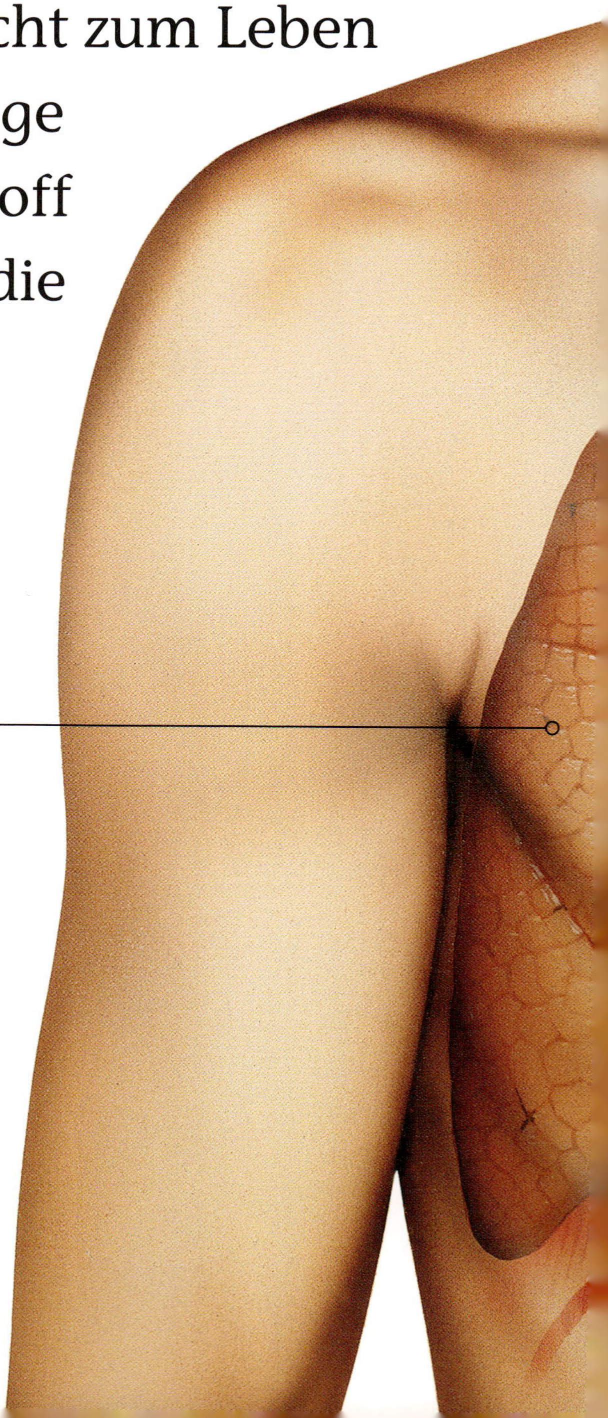

Das Herz pumpt Blut angereichert mit Sauerstoff durch unseren Körper.

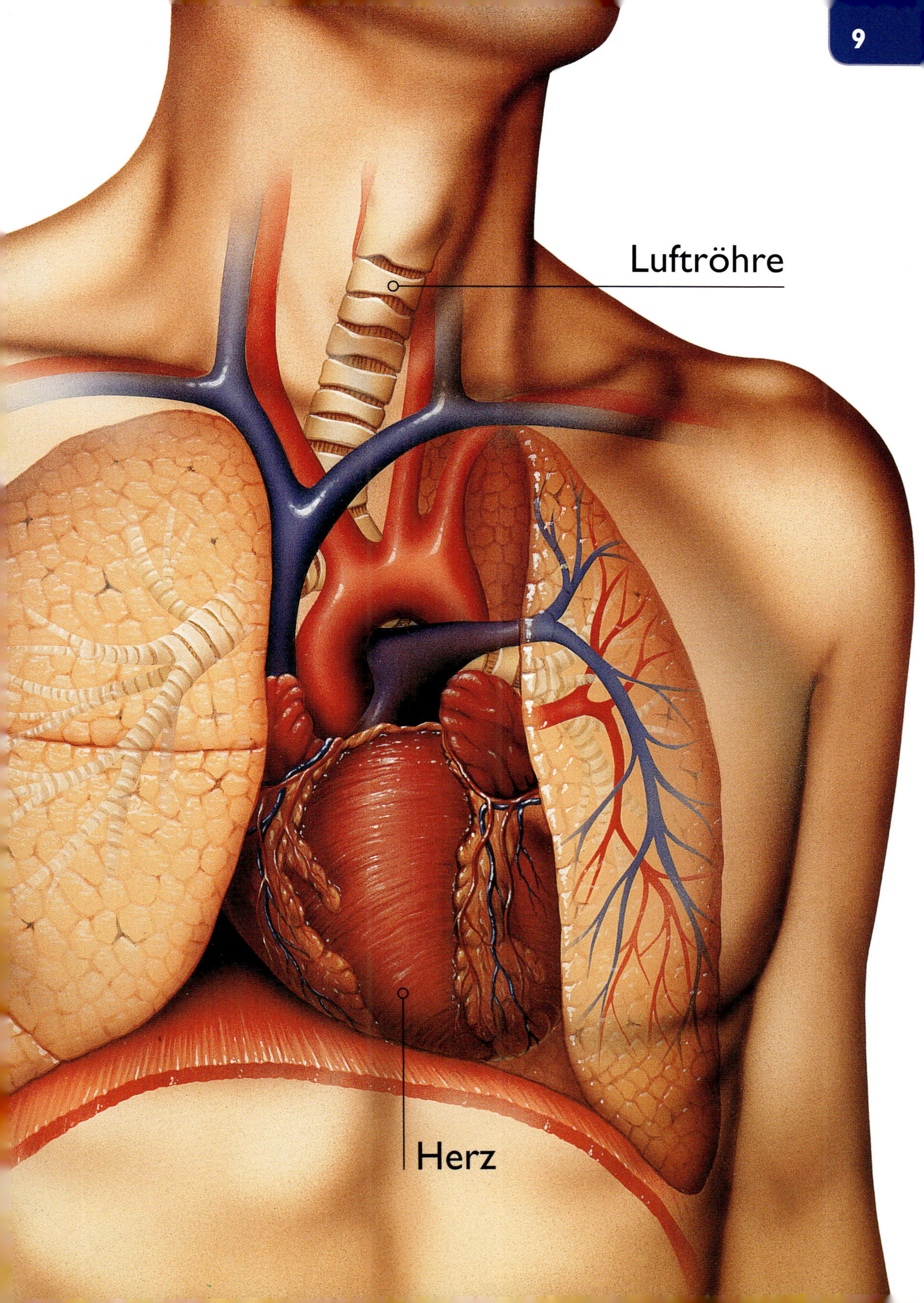
Luftröhre
Herz

Die Knochen

Die Knochen bilden das Skelett, das unserem Körper eine Form gibt. Unsere Knochen sind hart. Sie haben viele verschiedene Formen und Größen.

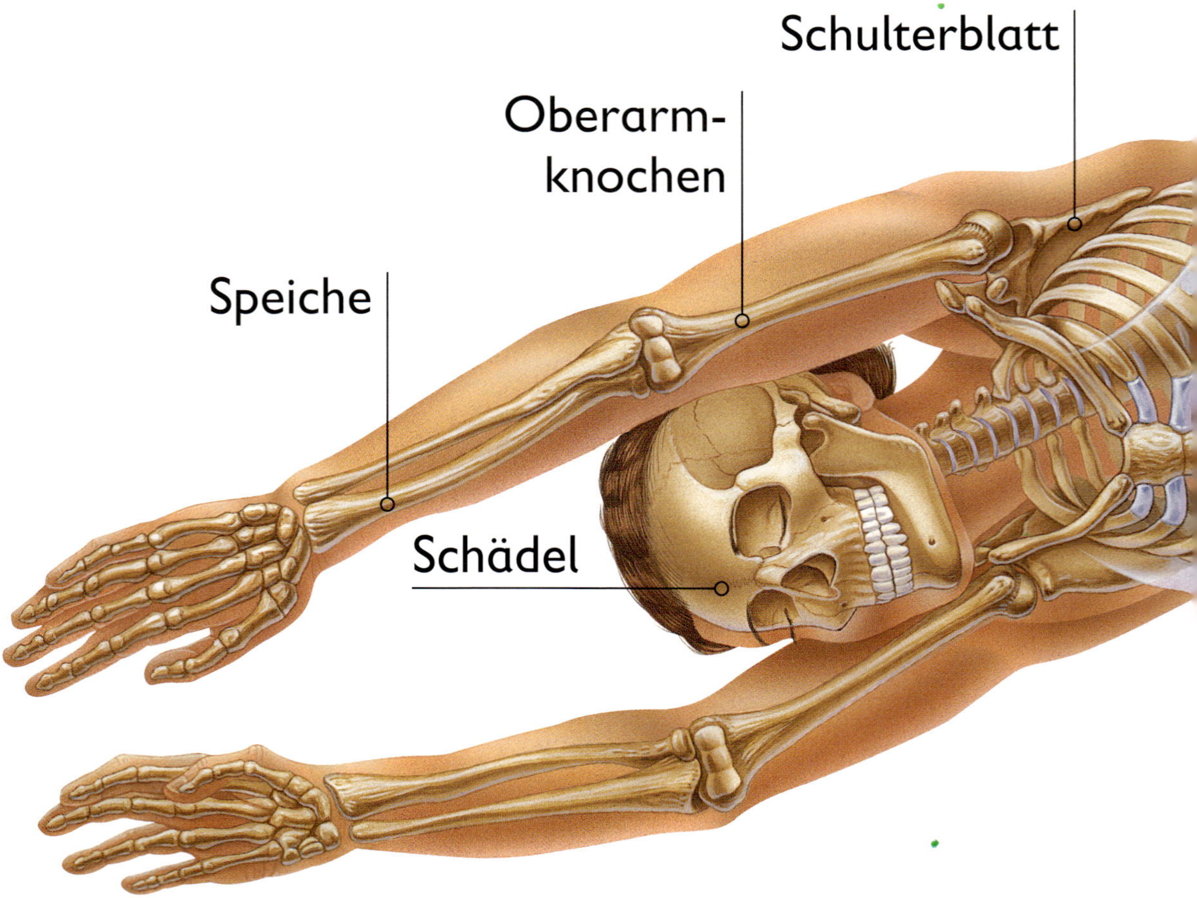

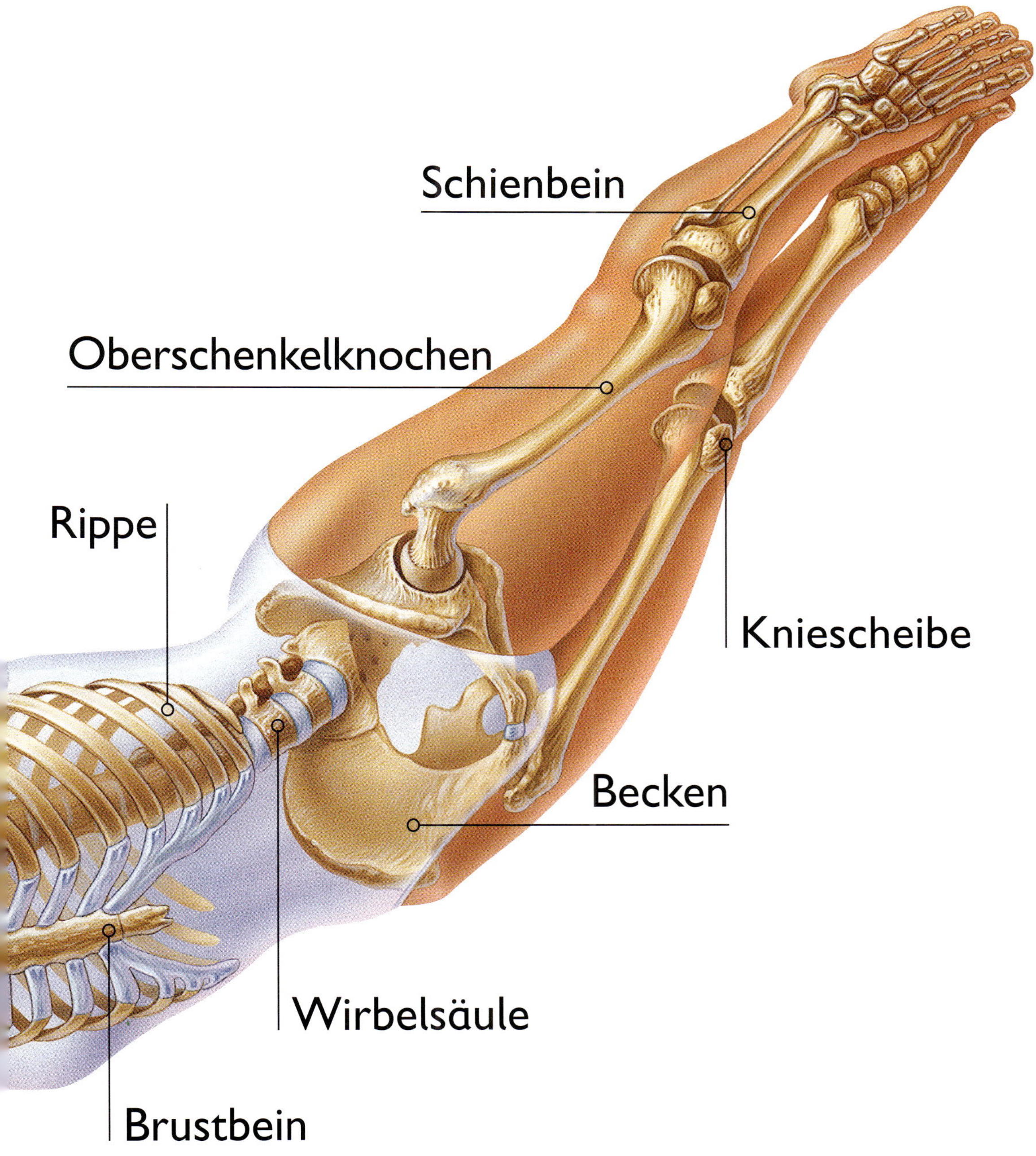

Ein Erwachsener hat 206 Knochen.
Sie passen wie ein Puzzle zusammen.

Die Muskeln

Muskeln bestehen aus einem besonderen Gewebe. Wenn ein Muskel sich zusammenzieht, bewegt sich dadurch ein Teil des Körpers.

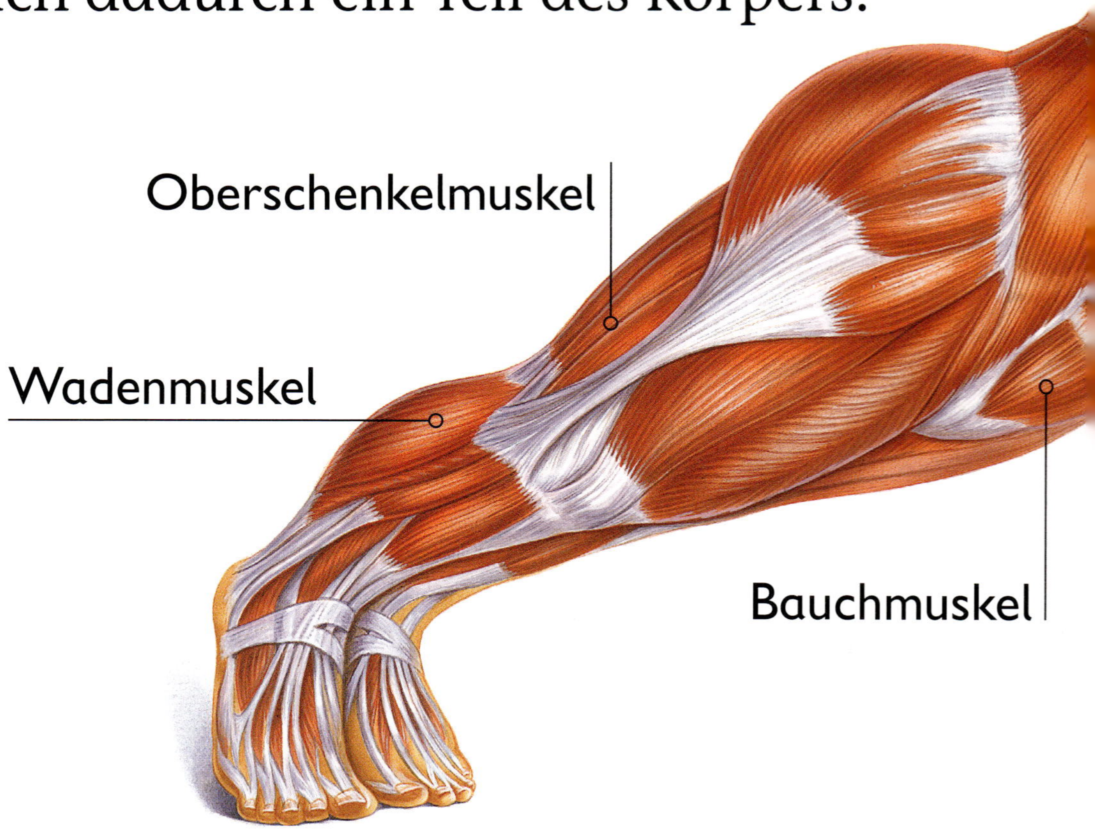

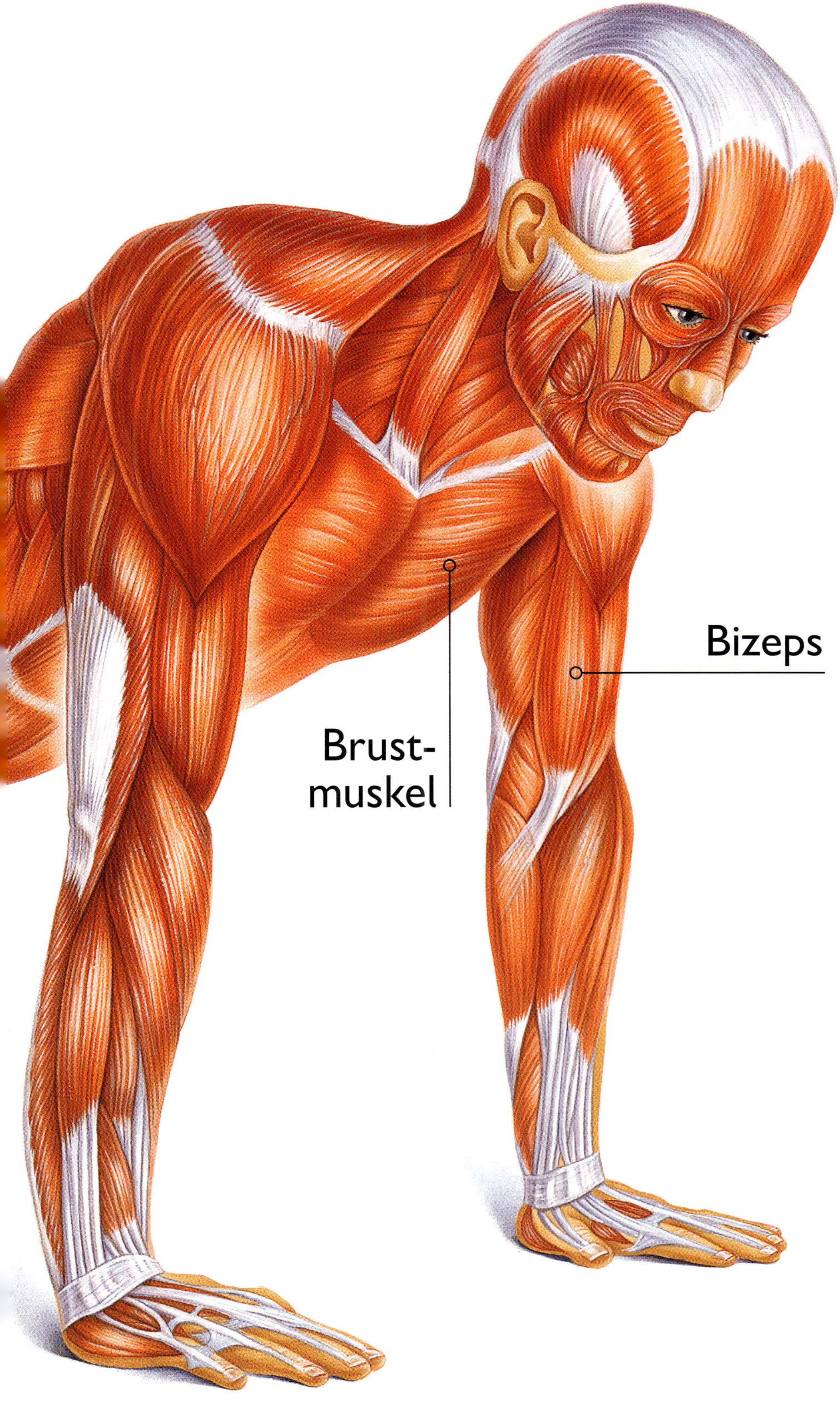
Bizeps
Brust-
muskel

Haare und Nägel

Unsere Haare und Nägel bestehen aus Keratin. Am Körper haben wir kurze Haare, auf dem Kopf wachsen die Haare länger.

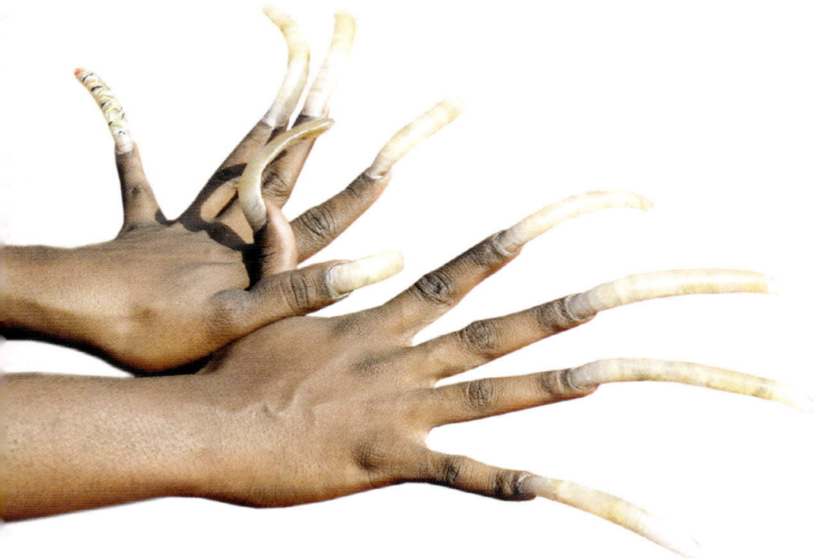

Fingernägel können ziemlich lang werden, wenn man sie wachsen lässt.

Nägel schützen unsere Finger und Zehen. Wir schneiden sie meistens kurz.

langes Haar
Zehennagel
Fingernagel

Die Zähne

Unsere Zähne haben unterschiedliche Formen. Mit manchen beißen wir Stücke vom Essen ab, mit anderen kauen wir.

Zähne bestehen außen aus Zahnschmelz und innen aus Dentin. Sie wachsen aus den Kieferknochen durch das Zahnfleisch.

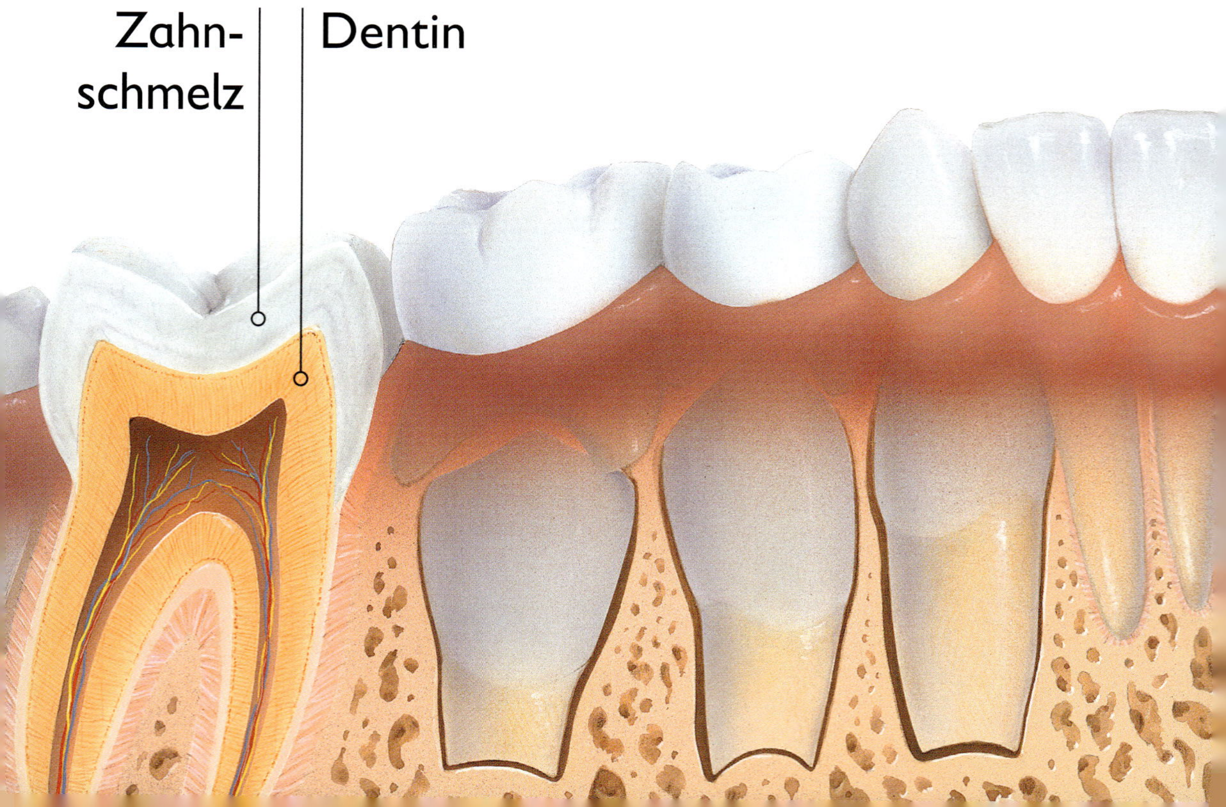

Wir haben zwei Zahnreihen:
eine am Ober- und
eine am Unterkiefer.
Die zwei Reihen
arbeiten zusammen.

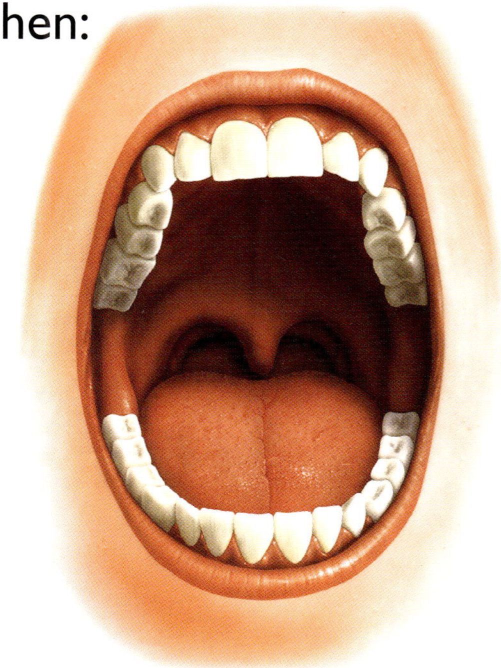

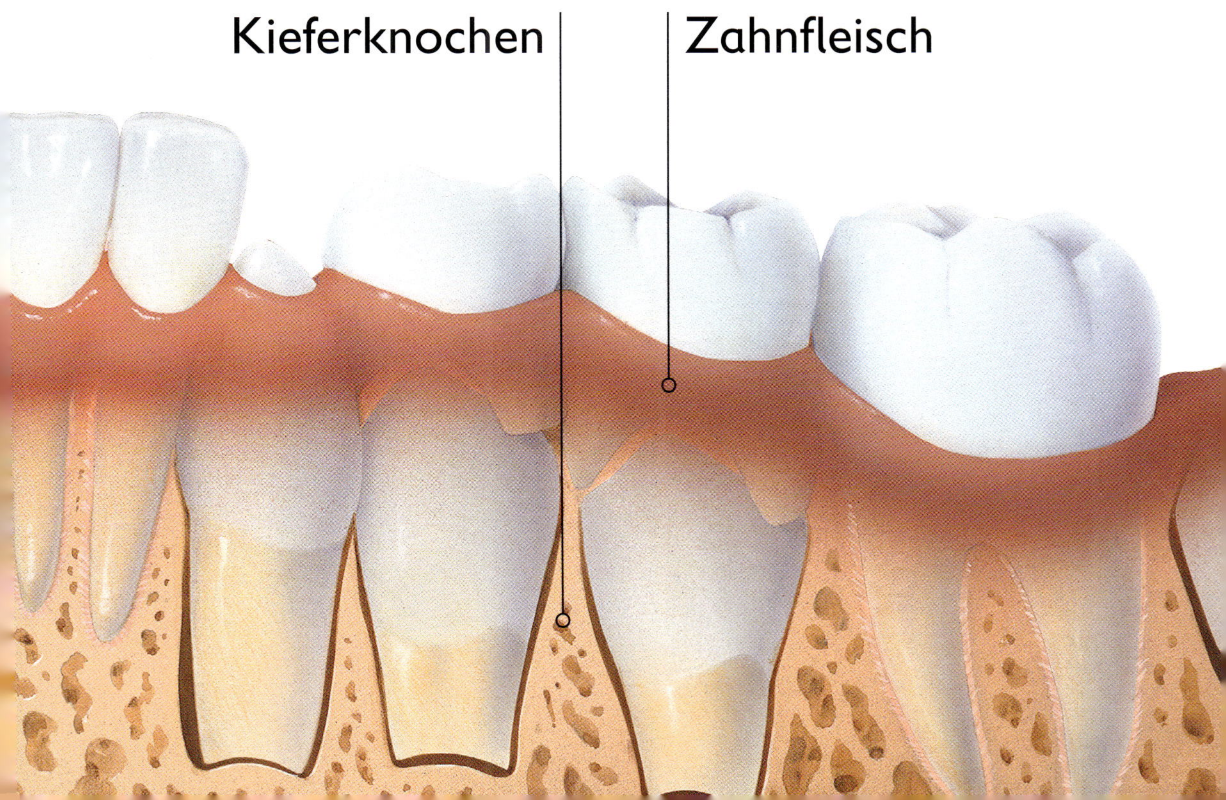

Die Verdauung

Essen gibt unserem Körper die nötige Energie. Wir kauen Speisen und schlucken sie herunter. Unser Verdauungssystem verarbeitet das Essen dann weiter.

Das verdaute Essen liefert uns Energie und baut unsere Knochen und Muskeln auf.

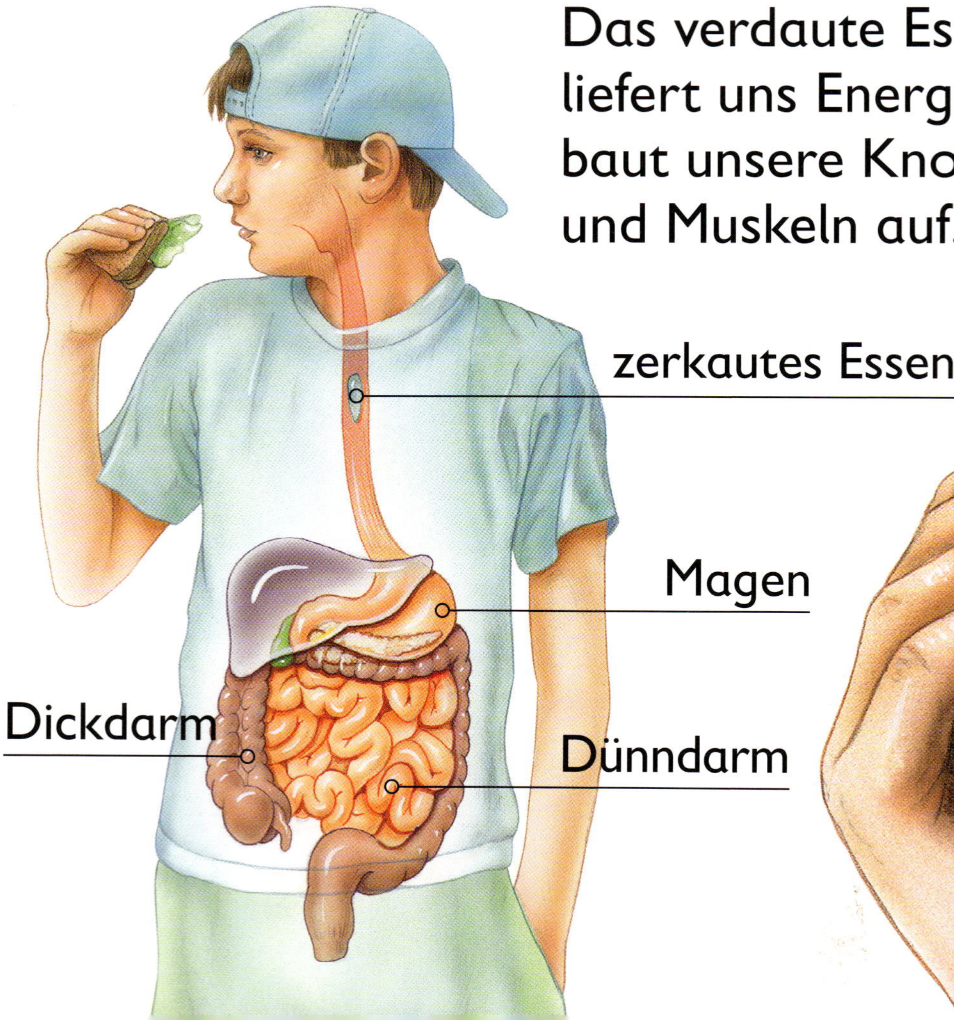

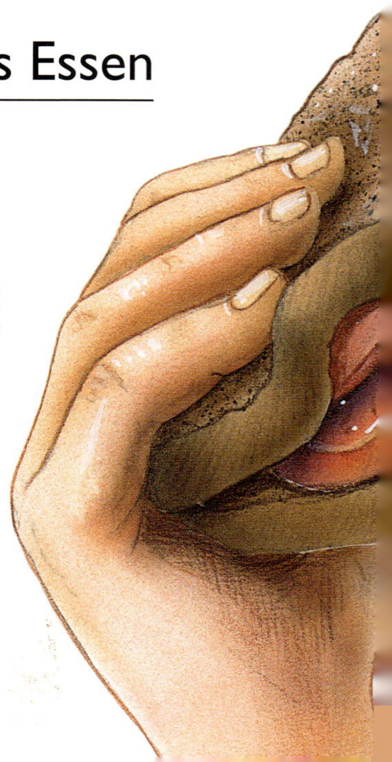

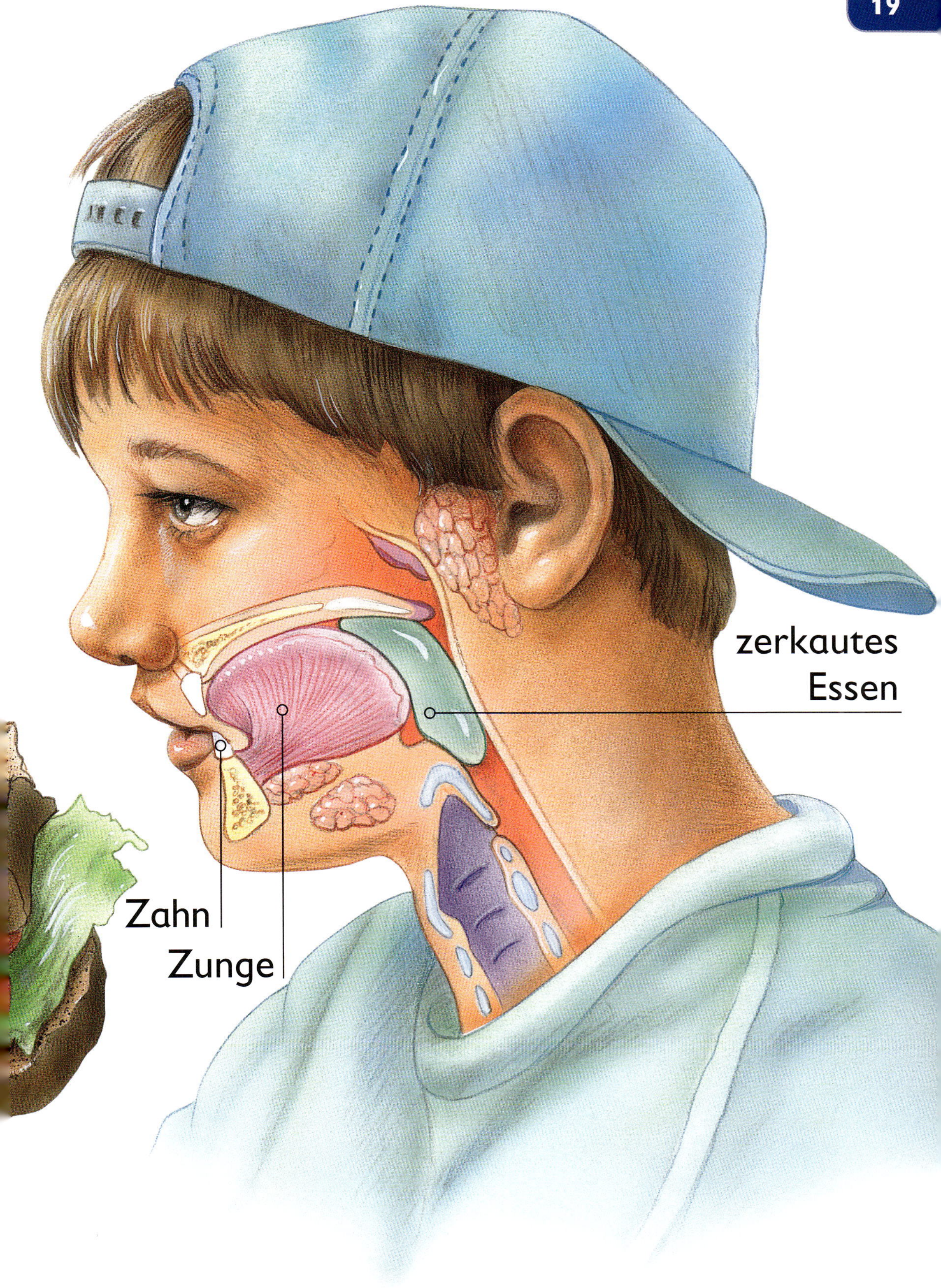
zerkautes
Essen
Zahn
Zunge

Das Gehirn

Das Gehirn sagt unserem Körper, was er tun soll. Verschiedene Stellen im Gehirn sind für verschiedene Sinne, wie Sehen und Schmecken, zuständig.

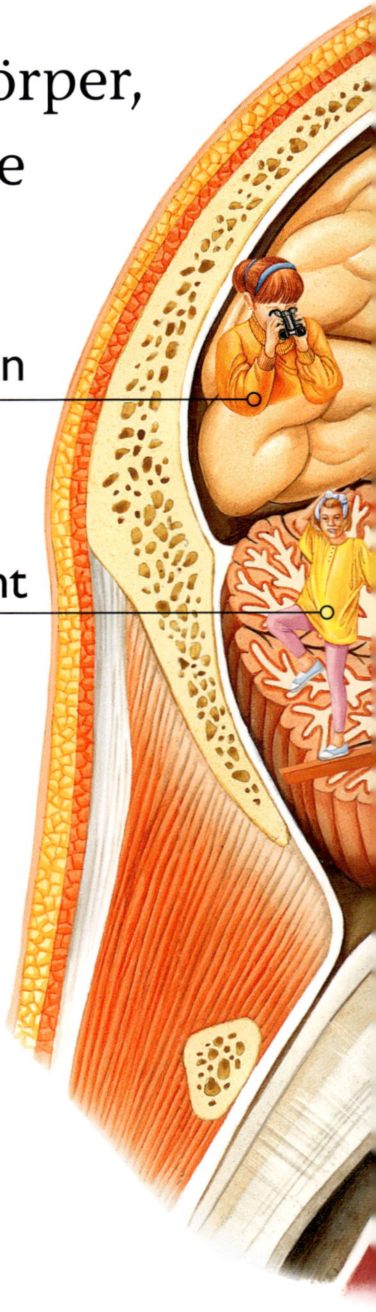

Unser Gehirn arbeitet immer, auch wenn wir schlafen.

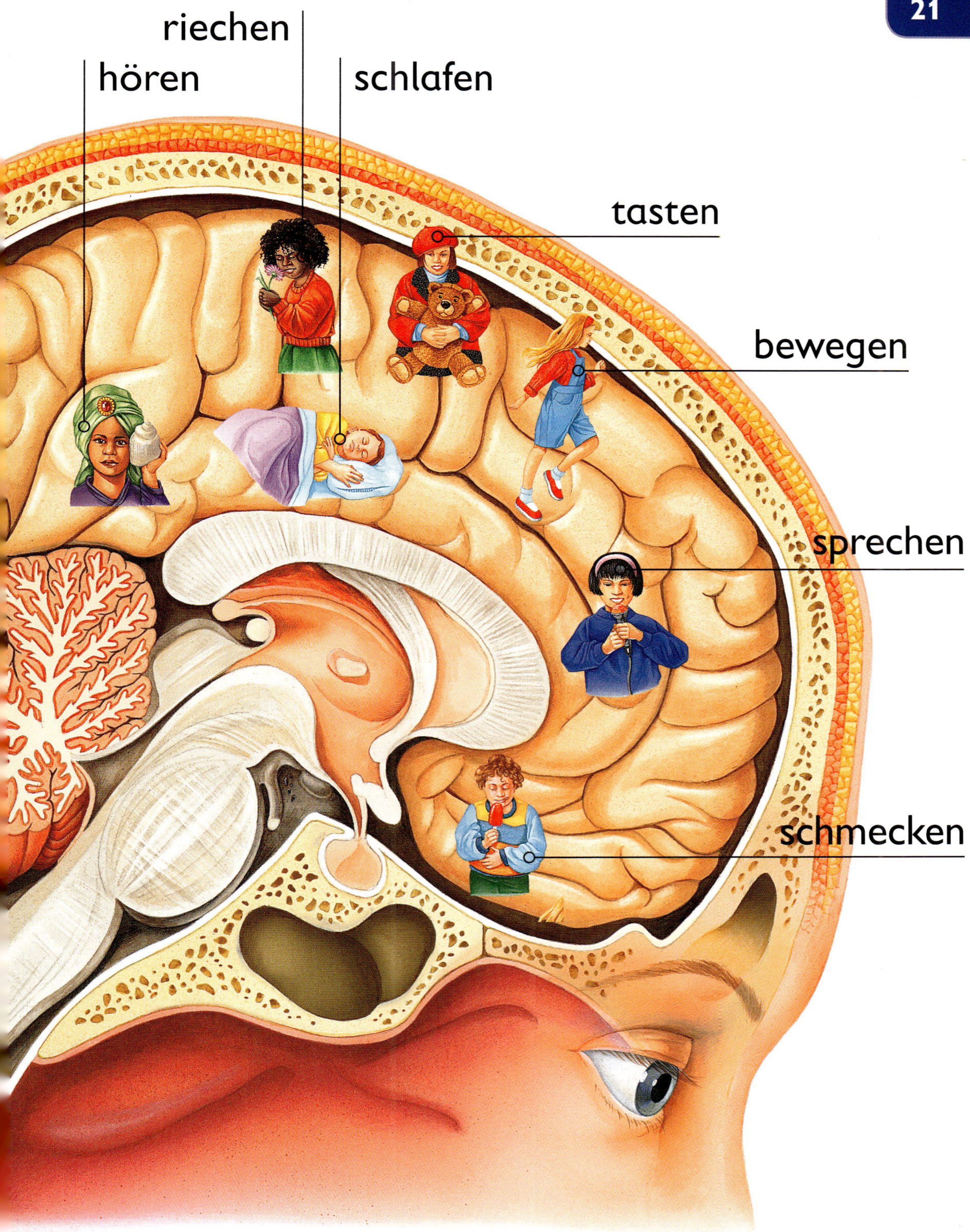
riechen
hören
schlafen
tasten
bewegen
sprechen
schmecken

Die Augen

Die Augen arbeiten mit dem Gehirn zusammen. Sie sind wie Fenster, die mit dem Gehirn verbunden sind.

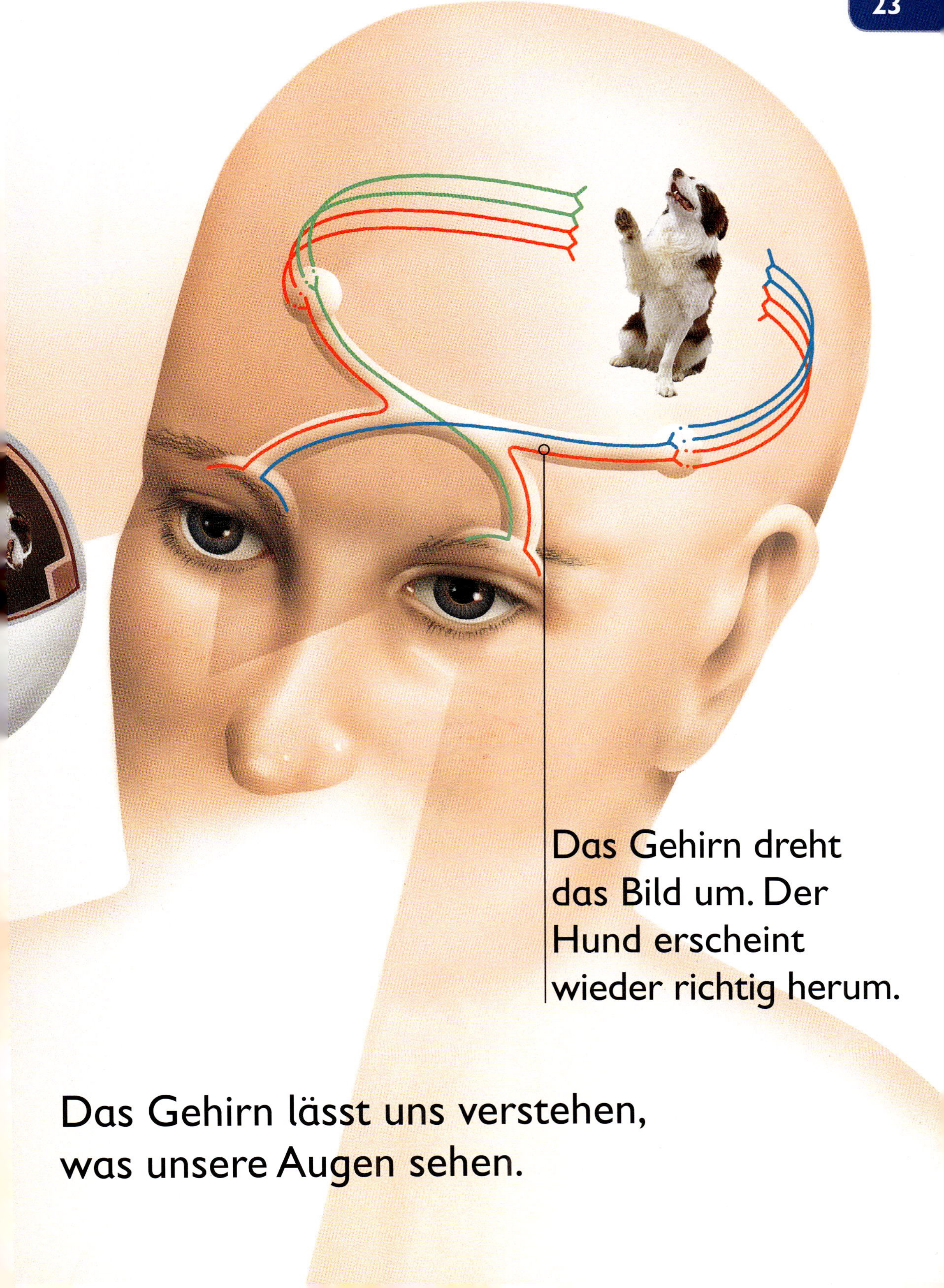

Das Gehirn lässt uns verstehen, was unsere Augen sehen.

Gefahr!

Wenn das Gehirn Gefahr wahrnimmt, bereitet sich unser Körper darauf vor, schnell zu handeln.

Vielleicht laufen wir weg.
Vielleicht wehren wir uns.
In jedem Fall ist unser
Körper bereit.

Bewegung

Unser Körper braucht Bewegung. Gehen und Rennen tun ihm gut. Auch Schwimmen ist eine gesunde Art der Bewegung.

Manche Menschen klettern gern Felswände hoch oder gehen Drachenfliegen.

Beweglichkeit

Unser Körper kann sich biegen und dehnen. Akrobaten sind Menschen, die das besonders gut können.

Diese Akrobaten springen auf einem Trampolin

Manche Menschen haben sehr bewegliche Körper. Durch Übung können wir beweglicher werden.

Quiz

Finde zu jedem Bild das passende Wort.

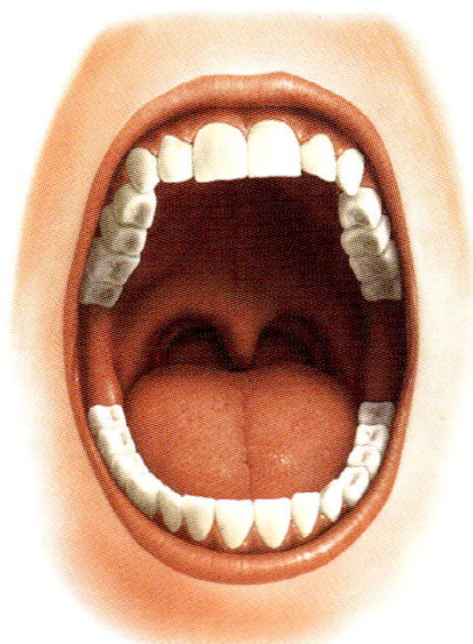

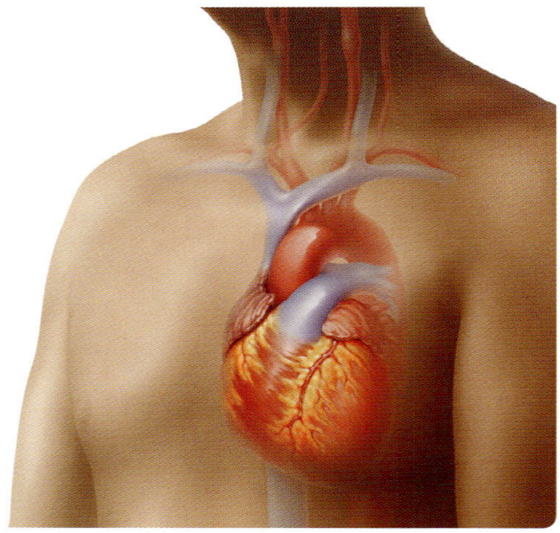

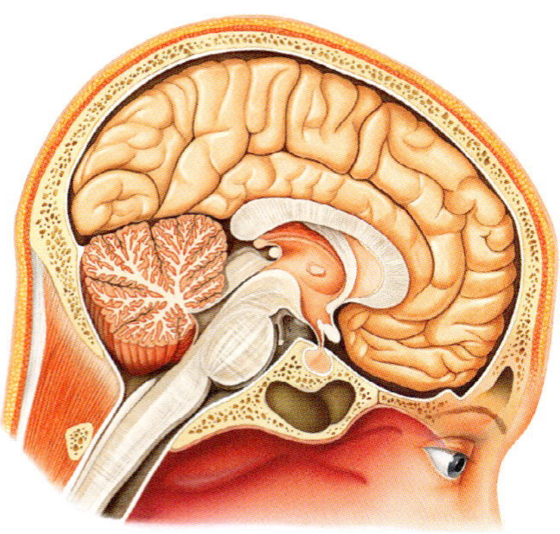

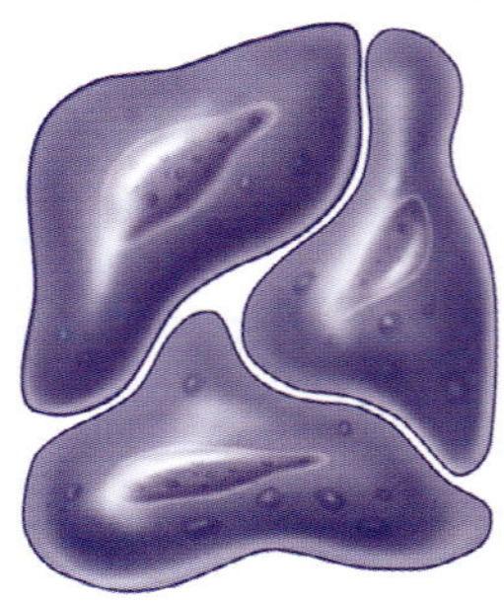

Zähne

Hautzelle

Gehirn

Herz

Glossar

Arterien: Hauptblutgefäße, die vom Herzen ausgehend das Blut im Körper verteilen

Dentin: Ein hartes Material im Zahn, das Knochen ähnelt

Gewebe: Eine Ansammlung von lebenden Zellen

Keratin: Das Material, aus dem Haare, Nägel und Federn bestehen

Sauerstoff: Der Teil der Luft, den wir zum Leben brauchen

Skelett: Das Gerüst aus Knochen, das unserem Körper Halt gibt

Verdauungssystem: Die Organe, die unsere Nahrung verarbeiten

Zahnschmelz: Die harte, glänzende Schicht, die unsere Zähne bedeckt

Register

Augen	22, 23
Essen	16, 18, 19
Gehirn	20, 22, 23, 24
Gewebe	12
Haare	14, 15, 24
Herz	6, 8, 9
Keratin	14
Knochen	10, 11, 18
Lunge	8
Muskeln	6, 12, 13, 18, 24
Nägel	14, 15
Sauerstoff	4, 8
Zellen	4